AF356323

ÉDUCATION

L'OBÉISSANCE — LE RESPECT

ÉDUCATION

L'OBÉISSANCE — LE RESPECT

DISCOURS PRONONCÉS

A LA

DISTRIBUTION DES PRIX

DU PETIT SÉMINAIRE DE PONT-A-MOUSSON

(1865-1867)

PAR M. L'ABBÉ GOMBERVAUX

CHANOINE HONORAIRE, SUPÉRIEUR.

PONT-A-MOUSSON

TYPOGRAPHIE BORDES, RUE SAINT-LAURENT, 66

—

1867

L'OBÉISSANCE.

L'OBÉISSANCE

Monseigneur (1),

Un des plus célèbres historiens de notre siècle a écrit cette parole qui fait non moins d'honneur à sa bonne foi qu'à sa haute intelligence : l'*Eglise est la plus grande école de respect qui jamais ait paru sur la terre.* C'est qu'en effet l'Eglise incline l'esprit de ses enfants devant la parole même de Dieu ; quand le cœur a une grande lutte à engager, quelque vertu de difficile accès à conquérir, elle lui dit pour exciter son courage et lui

(1) Mgr Lavigerie, évêque de Nancy et de Toul.

faire ambitionner le prix de la victoire : combats résolument, combats sans relâche, car c'est Dieu qui le veut. Et quand la voix de l'homme se fait entendre, et que par une légitime fierté naturelle, nous sommes prêts à nous révolter contre le joug qu'on nous impose, l'Eglise encore relève, agrandit notre acte de soumission en nous disant : ce n'est pas à l'homme que vous devez obéir, c'est à Dieu, car tout pouvoir vient de Dieu. — Oui, l'autorité humaine, l'Eglise l'entoure d'un incomparable honneur en la faisant resplendir d'une auréole divine. C'est le nom trois fois saint de Dieu qu'elle inscrit au front de tout homme, si faible qu'il soit d'ailleurs, qui commande selon les lois de l'équité, et voilà comment en particulier, dégageant l'obéissance de ce qu'elle a d'humain et de terrestre, et l'élevant à un ordre divin, elle est *la plus grande école de respect qui jamais ait paru sur la terre.*

Cette doctrine si noble de l'obéissance chrétienne, nous n'avons cessé, mes chers enfants, de vous la redire sur tous les tons et sous toutes les formes, parce que une de nos convictions les plus profondes c'est que l'obéissance est votre grand devoir à tous, et que, plus cette vertu sera par vous estimée, honorée, pratiquée, plus aussi cette maison, à laquelle vous devez être fiers d'appartenir, marchera de succès en succès et préparera à la religion, dans ce beau diocèse, un avenir consolant et glorieux. Avant de nous séparer, mes chers enfants, parlons donc une fois encore de l'obéissance; c'est là mon thème favori, mon sujet de prédilection, vous le savez; vous seriez même étonnés, je crois, si j'abordais un autre sujet; vous n'aurez pas cette déception, et mes dernières paroles ne feront que vous redire, en quelque sorte, la pensée dominante de tant de leçons où toujours vous entendiez l'obéissance recommandée, justifiée, proclamée enfin comme le premier de vos devoirs.

Il n'est pas besoin d'une longue réflexion pour comprendre que dans l'ordre moral, pas plus que dans l'ordre physique, les choses ne peuvent être abandonnées au hasard, mais que là, plus encore que partout ailleurs, une intelligence supérieure doit présider pour donner l'impulsion, régler le mouvement, discipliner l'emploi des forces. Partout la loi est nécessaire : elle régit le cours des astres, comme elle gouverne les empires, comme elle guide les nobles travaux de l'esprit et prévient les égarements du cœur dont elle contient les élans en ne lui laissant développer son activité qu'en suivant la ligne austère du devoir. Quand la loi règne, l'ordre paraît ; et l'ordre, c'est la beauté, c'est l'harmonie, c'est la force. Mais pour que ces merveilleux effets soient obtenus, il faut, chez les êtres intelligents, le concours libre de la volonté ; et ce concours, en d'autres termes, cette acceptation de la pensée du pouvoir qui s'impose à notre esprit, et règle, dans les choses morales, les mouvements de notre cœur, c'est là précisément ce qui constitue l'obéissance... l'obéissance si nécessaire et si belle à tous les âges de la vie ! l'obéissance qui honore les cheveux blancs du vieillard aussi bien que la mâle énergie de l'homme fait, mais qui convient surtout à vous, jeunes gens, qui n'êtes encore qu'au début de la vie, et dont la faiblesse, l'inexpérience, la fougue impétueuse, les ardentes passions réclament si impérieusement un modérateur et un guide. Il est vrai, c'est là une doctrine qu'en nos jours de folle indépendance, beaucoup, parvenus à votre âge, se soucient peu de comprendre, moins encore de pratiquer ; aussi est-ce pitié de voir cette jeunesse ne rêvant qu'émancipation et comme énivrée d'elle-même, secouer tout frein et se jeter haletante à travers tous les écarts. La tête leur tourne à ces pauvres enfants ; pensez : ils ont jusqu'à seize, voir même dix-huit ans !! du haut de la sagesse et de l'expérience si naturelles à cet âge, ils jugent, ils décident... les questions les plus graves sont tranchées d'un mot ! L'autorité, dépouillée de son prestige usurpé, descend du piédestal que lui a dressé une trop complaisante superstition, et toutes ses mesures discutées, contrôlées, finalement sont frappées de réprobation. Le pouvoir abuse : pas un de ses actes qui ne soit tracasserie, tyrannie, despotisme !... Et les imaginations de s'exalter, et les idées les plus étranges, les résolutions les plus folles de prévaloir dans ces augustes sénats d'imberbes, où l'on joue ainsi au démagogue en attendant que, l'âge mûr arrivé, on transporte dans la conduite privée et quelquefois dans la rue les fièvreuses idées d'une jeunesse insoumise et sottement indépendante.—Seraient-ce là les exagérations d'un philosophe morose, qui voit le présent tout en noir, admirateur outré du temps qui n'est plus, *laudator temporis acti?* Plût à Dieu ! mais ici, je n'ai été que le fidèle écho de la plainte universelle : l'enfance répète-t-on de toutes parts, l'enfance, et surtout la jeunesse ne savent plus obéir. Heureusement je connais d'honorables exceptions, et ce ne sera point vous flatter, mes chers enfants, que de vous signaler parmi ceux qui savent encore faire plier leur volonté devant la parole du maître, et accepter ainsi le joug trois fois heureux de l'obéissance. Formés à l'école de Celui qui, dans son infinie sagesse, ne crut pouvoir donner meilleur exemple au monde, pour le relever de ses prodigieux

abaissements, que de passer sa vie dans l'obéissance, et qui la
porta jusqu'à la mort de la croix. vous avez compris qu'obéir au
pouvoir légitime, et surtout le faire dans un esprit chrét'en, ce
n'est pas se dégrader, ce n'est pas mentir à sa dignité d'homme,
c'est se relever au contraire, c'est grandir de toute la hauteur de
la Raison et de la Foi. Et qu'est-ce donc après tout que cette harmonie des mondes dont la science parle avec enthousiasme et
que chante la poésie, sinon l'obéissance des créatures insensibles
à la toute-puissante volonté de celui qui les forma et les lança
dans l'espace pour raconter la gloire de son nom ?... Vous étiez
émus délicieusement, il n'y a qu'un instant, au bruit de cette
symphonie tour-à-tour forte et suave, qui charmait, enchantait
vos oreilles ; et tout à l'heure encore, vous écouterez, ravis, et
vous saluerez, j'en suis sûr, de vos chaleureux applaudissements ,
de nouveaux accords où les sons de l'instrument se mariant à
l'éclat des voix, feront tressaillir vos sens et palpiter vos cœurs.
Mais la grande cause de ces nobles émotions, quelle est-elle ?
sinon l'obéissance ; l'obéissance de ces cent voix à la pensée et au
mouvement de l'artiste ; et l'obéissance de l'artiste lui-même (1),
du brillant compositeur aux lois savantes de l'harmonie, qui, loin
d'entraver l'essor de son talent, l'ont au contraire soutenu dans
son vol, l'ont guidé dans ses nobles et gracieuses inspirations. —
Justement fiers de votre beau titre d'enfants de la France, vous
admirez aussi les hauts faits d'armes de vos pères, leurs glorieuses
conquêtes, les prodiges d'habileté, de valeur et d'audace, par
lesquels dans cent et cent batailles ils ont étonné, ébloui l'uni-
vers, assuré à notre chère patrie un impérissable honneur, un

____

(1) M. l'abbé Ferry, dont les belles cantates sont si justement admirées.

nom qui la met à la tête de tous les peuples. Mais le secret de cette force de notre belle armée ? Pourquoi les preux de nos jours, dignes de leurs glorieux ancêtres, sont-ils encore les premiers soldats du monde ? C'est que l'obéissance est là, épiant en quelque sorte la pensée du chef, et faisant comme un seul homme mouvoir des milliers de volontés, qui, un jour, au signal donné, poursuivent le même but, sûres de l'atteindre, parce que l'union fait la force. Généreux guerriers, c'est à votre soumission non moins qu'à votre valeur, c'est à votre courage discipliné que la France doit en partie sa grandeur, et sa gloire n'est si éclatante, son honneur si intact et si pur que parce que vous savez, vous aussi, vivre, combattre, et s'il le faut, mourir en obéissant !

L'obéissance ! tous les jours encore, ne la voyez-vous pas, mes chers enfants, ne la sentez-vous pas dans ces chefs-d'œuvre de l'esprit dont l'étude élève votre intelligence, forme, épure votre goût ? Ces grandes œuvres littéraires où brillent en traits de feu les inspirations de l'éloquence et de la poésie, que sont-elles, en définitive, que l'application des lois éternelles du beau, et l'obéissance de l'esprit à des règles sévères qui, empêchant ses écarts, modérant ses transports, le contiennent dans les justes limites de la nature et du vrai ? Ces régles, on l'a dit avec infiniment de raison, elles sont le garde-fou du génie qui, sans elles chevauchant à toute bride dans les champs illimités de la fantaisie et du caprice, s'en irait heurter à toutes les invraisemblances et se perdre dans les abîmes de l'exagéré, de l'impossible et du faux. Aussi, voyez les glorieux fruits de la révolte contre le joug bienfaisant qu'elles imposent. Une école a paru, en notre siècle, qui a voulu émanciper l'esprit des entraves où, disait-elle, le tenait enchaîné le fanatisme des règles. Comme ces grands enfants dont je parlais tout à l'heure, que gêne la discipline parce qu'ils ont horreur de l'ordre, elle a crié à la liberté, à la liberté entière, absolue, illimitée. De là qu'est-il résulté? Des œuvres malsaines où le bon sens et la raison sont outragés non moins que la langue; des conceptions monstrueuses où l'incohérence et le dévergondage des idées le disputent à l'étrangeté et au cynisme de la forme; les délires d'esprits malades surexcités par des émotions factices, *agri somnia*; je ne sais quelles débauches de pensées, quelles orgies d'imagination qui martellent les nerfs et font, après la lecture de chacun de ces livres, l'effet d'un mauvais rêve qui brise le corps et épouvante l'âme ou l'abêtit. Quand on a eu le malheur de passer à travers ces régions barbares, on sent le besoin de respirer une autre atmosphère, et avec bonheur on saisit un de ces purs classiques où la justesse et l'élévation de la pensée, la vérité et la noblesse du sentiment s'harmonisent si bien avec la simplicité de la forme et la dignité de l'expression; on savoure Démosthène, Sophocle, Corneille, Bossuet, qui ne sont si grands que parce qu'ils ont su assouplir leur mâle et fier génie aux lois immuables du goût, et plus que jamais on reconnaît et on se plaît à proclamer que l'obéissance aux règles, c'est la condition essentielle du beau littéraire.

Comme aussi (et que de fois nous vous l'avons répété, mes chers enfants) c'est la condition première du beau moral. La grandeur de l'âme, la dignité du caractère, l'élévation du cœur au-dessus des faiblesses de la nature et son affranchissement du joug honteux des passions, rien de tout cela ne se comprend sans la soumission entière de nos facultés à la loi qui règle nos pensées et purifie nos affections. Selon les doctrines du christianisme (et certes, en pareille matière, nul guide plus sûr que celui-là) le mal c'est la désobéissance à la loi de Dieu ; donc le bien ou la vertu, c'est l'obéissance à cette même loi. Ah ! on a vu briller sur la terre, depuis bientôt deux mille ans, des prodiges d'abnégation et de dévouement ; on a admiré de sublimes victoires de l'esprit sur la matière ; les héros de la charité ont couvert le monde des merveilleux monuments de leur zèle, et partout on a vu fleurir des vertus qui étonnaient la nature et consolaient l'humanité des vices et des crimes de tant de ses fils indignes ; pour tout dire en un mot, l'Eglise, de ses entrailles toujours fécondes, s'est suscité des générations innombrables de saints... Mais la sainteté, ou la vertu élevée à sa plus haute puissance, qu'est-ce encore, si non le triomphe de la pensée de Dieu sur l'esprit de l'homme ? si non la liberté humaine se pliant, humble et docile, à toutes les volontés, à toutes les inspirations d'une force supérieure qui arrête les élans du mal, et dirige vers le bien toute l'activité, toutes les forces vives de l'âme ? Ici donc encore, vous le voyez, l'obéissance ; toujours, et partout, l'obéissance.

Et maintenant, mes chers enfants, vous comprenez pourquoi si souvent pendant le cours de cette année nous avons insisté sur la nécessité d'une règle qui discipline la volonté, et, traçant la marche à suivre, prévienne les écarts, favorise l'amour et la pratique du devoir. Abolissez le règlement et vous n'avez plus que la licence. C'est le caprice qui règne, et avec lui le gaspillage du temps, en attendant que viennent le désordre dans les idées et la corruption dans les mœurs. Avec la règle au contraire, maîtresse souveraine, une communauté marche comme un seul homme dans une voie de raison, d'ordre, de travail, d'honneur, de respect envers l'autorité, de piété envers Dieu. Il est vrai, certains esprits (d'autant plus faibles qu'ils se croient forts), pourront penser que cet ensemble de prescriptions, ces mille détails de la règle ne sont que futilités et minuties dont sait faire bonne justice une raison supérieure. Laissez, mes enfants, laissez dire ces petits philosophes ; vous, continuez à croire qu'il est toujours beau et grand de se vaincre soi-même en captivant sa volonté sous l'empire d'une loi sage qui n'a été promulguée que pour le plus grand bien de tous ; croyez que ces triomphes de tous les instants sur les ardentes aspirations à l'indépendance, si naturelles à votre âge, préparent merveilleusement aux grandes luttes qui, tôt ou tard, attendent l'homme dans la vie ; croyez surtout qu'en obéissant à Dieu dans la personne de ses représentants, vous jouissez, tout en faisant acte de suprême sagesse, de la glorieuse et sainte liberté promise à ses enfants.

Au surplus, qu'est-il besoin d'insister sur ce grand devoir de l'obéissance, quand, pendant le cours de cette année, vous l'avez généralement accompli avec tant de générosité ; car c'est justice à vous rendre, mes enfants, que de proclamer que le règlement a été par vous fidèlement observé, à tel point que les punitions ont été rares, nous pouvons même dire extrêmement rares ; et, en vous quittant, nous ne sommes point poursuivis par la douloureuse pensée que sur plusieurs la porte se refermera à jamais ; non, mais tous, s'ils le veulent, pourront se représenter, et d'avance sont sûrs de trouver, au retour, un cordial et paternel accueil. Vous continuerez donc, mes chers enfants, à connaître les joies et les gloires de l'obéissance qui dédommagent si amplément des sacrifices qu'elle impose ; pendant ces jours de repos, vous ferez le bonheur de vos chers parents par votre soumission pleine de respect et d'amour, vous rappelant ces belles paroles de l'Ecriture que nous aimions à vous citer souvent : *Honore ton père de tout ton cœur et n'oublie jamais les douleurs de ta mère..... Celui qui obéit à son père sera le rafraîchissement de sa mère.* Et quand de retour dans cet asile de la science et de la piété vous reprendrez le cours de vos travaux, tous vous rivaliserez de zèle pour la fidèle observation de vos règles. Par là, vous continuerez les belles et saintes traditions de cette maison, traditions si bien inaugurées, il y a près d'un demi siècle, par le saint prêtre que vous voyez en ce moment à mes côtés, et qui vient aujourd'hui jeter un lustre inattendu sur cette fête de famille par l'autorité de son âge, par l'éclat de ses vertus et le souvenir de ses éminents services (1). Par là, vous vous montrerez dignes de votre vocation ; car, ne l'oubliez pas, mes enfants, la plupart, vous êtes des prêtres en fleur, et la vie d'un bon prêtre qu'est-elle autre chose qu'obéissance et sacrifice ? Par là vous serez dignes de vos illustres devanciers, de ces prêtres vénérables qui vous ont précédé dans la carrière et que vous voyez aujourd'hui accourus de loin, nombreux et sympathiques, pour applaudir à vos succès. Vous serez dignes enfin de la paternelle sollicitude de votre premier Pasteur, de ce Pontife si dévoué à votre bien, qui, déjà, vous a donné tant de marques de son intérêt et de son amour, et dont le cœur se réjouira à la pensée que plus tard il trouvera en vous, grâce à votre esprit d'obéissance, de zé-

(1) M. l'abbé Huard, chanoine de la cathédrale de Verdun, premier supérieur du Petit Séminaire de Pont-à-Mousson, de 1817 à 1823.

lés collaborateurs, d'intrépides défenseurs de la Foi , dont les combats seront couronnés de glorieux succès, car l'Esprit-Saint l'a proclamé : *vir obediens loquetur victoriam ;* à l'obéissance la victoire.

LE RESPECT.

LE RESPECT.

Monseigneur (1),

S'il est une œuvre digne de fixer l'attention de tout homme sérieux, une œuvre qui mérite les sympathies et le dévouement de quiconque a la noble ambition de procurer le bien de ses semblables, c'est à coup sûr l'œuvre si utile et si belle de l'Education de la jeunesse. Ici, le présent c'est l'avenir. Quand de bonne heure l'esprit s'est abreuvé aux sources pures de la science, quand le cœur s'est nourri de ces sentiments généreux et forts qui font l'honnête homme et le chrétien, que le caractère s'est ployé au joug d'une mâle discipline, que l'âme en un mot, a, pour ainsi dire, aspiré par tous ses pores, l'amour du vrai, du beau, du bien, de tout ce qui éclaire, purifie, élève, quelle glorieuse moisson réservée à l'homme au moment où il entre en pleine possession de l'existence! et comme cette germination du

(1) Mgr Foulon, évêque de Nancy et de Toul.

printemps de sa vie devra plus tard s'épanouir en riche moisson de force de caractère, d'élévation d'esprit, d'énergie de volonté, de pureté de cœur ! Supposez au contraire l'enfant abandonné à ses instincts natifs, à l'emportement de ses passions, à la fougue des sens, sans que la main d'une éducation bienfaisante soit là pour arrêter ses écarts et guider ses pas dans la voie du bien, arrivé à l'âge mûr, et au soir de sa vie, quel affaissement de tout son être, quelle médiocrité intellectuelle, souvent, hélas ! quelle dégradation et quelle ruine morale !

L'éducation, en effet, ce n'est que l'ensemble des moyens qui, à la longue, conduisent l'homme à sa perfection. Or parmi ces éléments, ou si vous préférez, parmi tous les sentiments que doit faire naître dans l'âme de l'enfant toute bonne éducation, il en est un qui semble dominer tous les autres, et dont l'influence s'étend sur la vie entière pour en régler et vivifier tous les actes ; ce sentiment est celui du respect. *L'éducation est avant tout une œuvre d'autorité et de respect.* (1). Belle et féconde parole que celle-là, prononcée par un homme qui est plus qu'un beau génie, qui est un grand cœur ; par un homme que nous pouvons à juste titre proclamer la gloire de l'épiscopat français et une des plus pures lumières de l'Eglise. Vous le connaissez, Monseigneur ; c'est lui qui a guidé vos premiers pas dans la carrière que vous avez depuis si noblement parcourue. Après avoir été son brillant élève, vous avez été appelé au redoutable honneur d'être un de ses successeurs. Fidèle continuateur de sa grande œuvre, à la hauteur de votre mission, en même temps que sous votre habile impul-

(1) **Mgr Dupanloup.** *De l'Education.*

sion le Petit-Séminaire de Paris continuait ses glorieuses traditions de fortes études, vous y faisiez fleurir la piété et toutes les
vertus qu'elle enfante, parce que vous saviez y maintenir cette
grande loi du respect qui est l'âme de toute vraie éducation.
C'est donc en toute confiance et comme appuyé sur la double
autorité du maître et du disciple, tous deux dignes l'un de l'autre, que je viens aujourd'hui rappeler à ces chers enfants la
place immense que le respect doit occuper dans l'œuvre de leur
éducation.

Il est, mes chers amis, un sentiment auquel doit céder tout
homme qui se trouve en présence d'une vraie grandeur : c'est
celui d'un sincère et profond respect. Quand le génie nous apparaît enfantant ses prodiges ; quand un beau caractère se produit
devant nous avec son indomptable fermeté ; quand une vertu
longtemps éprouvée nous permet de contempler la force de l'âme
se révélant dans la multitude et l'éclat de ses triomphes ; quand
surtout il y a quelque chose de surhumain dans la pensée et les
œuvres de nos semblables, que nous y distinguons une élévation,
une beauté qui semble porter l'empreinte du doigt de Dieu, que
nous y voyons enfin comme une apparition de l'infini, alors nous
nous inclinons avec un sentiment qui est plus que de l'estime,
plus que de l'admiration : nous confessons la supériorité qui vient
de s'imposer à nous ; notre âme est sous l'empire d'un indéfinissable prestige auquel vainement elle essaierait d'échapper ; c'est
le respect qui nous a fait sentir son influence à la fois si douce
et si forte, et qui nous prosternant devant la grandeur, nous

force à rendre hommage à ce quelque chose de divin qui est en elle et qui la transfigure à nos yeux.

Or, ce sentiment si honorable pour l'homme je n'hésite pas à le proclamer le principe fondamental, le grand maître de notre vie morale, et par suite la loi première de toute éducation vraiment digne de ce nom. S'il y a quelque chose au monde qui mérite de commander à l'homme, certes c'est bien la religion ; mais la religion, qu'est-elle tout entière sinon le respect de l'infinie majesté de Dieu ? sinon le respect de sa parole qui éclaire l'esprit, de ses préceptes qui élèvent le cœur et le sanctifient ? Prenez-les l'un après l'autre, ces préceptes sacrés promulgués au milieu des foudres du Sinaï, et dites-moi si le mot respect ne brille pas en caractères de feu au front de chacun d'eux ? Que disent-ils à l'homme, sinon le respect de la Toute-Puissance, de l'indépendance absolue de son Créateur, le respect de son nom et de son culte ? Sinon encore le respect de cette autorité, de toutes la plus imposante sur la terre, la plus salutaire dans son exercice, la plus dévouée et la plus tendre, l'autorité d'un père, d'une mère, ces premiers représentants de la majesté divine au milieu de nous ? Que disent-ils, sinon le respect du bien, de la vie, de l'honneur de nos semblables ? sinon le respect sacré de la vérité, l'ignoble mensonge jamais ne devant souiller les lèvres de l'honnête homme ; que commandent-ils, enfin, sinon la domination de l'esprit sur la matière, le glorieux empire de l'âme sur les sens ? en d'autres termes, le respect du corps, ce sanctuaire de l'âme, et le respect de l'âme, ce sanctuaire de Dieu !

Et si de l'ordre religieux nous descendons à l'ordre humain, qu'est-ce donc qui fait la stabilité et la force des empires, sinon le respect profond de l'autorité qui commande pour le bien de tous, et la constante obéissance aux lois, obéissance dont le respect est la source première et le plus sûr rempart ? De nos jours on se plaint, et avec raison, des secousses terribles qui, à chaque instant, ébranlent les sociétés ; le sol, répète-t-on à satiété, tremble sous nos pieds, et les peuples, comme pris de vertige, s'en vont à tous les hasards, se jetant dans l'inconnu, démolissant les œuvres du passé, édifiant et renversant tour à tour, sans que rien semble devoir tenir debout, au milieu de eette fièvre de nouveauté et de changement qui emporte les esprits... Mais la cause, la grande cause de ces incertitudes du présent, de ces terreurs de l'avenir, quelle est-elle, sinon le mépris qu'on affiche des saines traditions du passé ? sinon l'absence de respect pour l'autorité qu'on a dégradée, rapetissée à des proportions humaines ? L'auréole divine qui entourait la tête du pouvoir a disparu ; on lui a ravi son prestige en ne voulant plus voir en lui le représentant de l'autorité du Ciel ; dès lors l'homme seul est resté, trop souvent, hélas ! avec le cortége des petitesses et des misères morales, triste apanage de notre nature ; le respect s'en est allé, et avec lui, l'obéissance.

Et la famille ? qu'est-ce donc qui en fait le charme, la beauté et la force ? qu'est-ce donc qui la maintient dans le monde comme le type premier de la société ? N'est-ce pas le respect pour l'autorité paternelle ? Quand le père apparaît aux yeux de son fils avec la majesté que lui confère la fermeté du commandement, la sagesse de l'expérience, le dévouement du sacrifice ; quand la mère se montre à lui comme l'ange tutélaire du foyer ; que, par sa douceur, sa tendresse, les délicatesses et les industries de son amour, elle resplendit à ses yeux comme la plus pure expression de la bonté divine, qu'il est beau de voir l'enfant, subjugué par toutes ces grandeurs morales, tressaillir au moindre signe de la volonté paternelle, l'allégresse au front, marcher, courir dans la voie de l'obéissance, et, par son amour empressé, généreux, qui ne compte pas avec les obstacles, mettre son bonheur à faire la joie de son père, à rafraichir, selon la gracieuse parole de l'Ecriture, à rafraîchir l'âme de sa mère ! Mais si le respect n'est pas ; si, dans les auteurs de ses jours, l'enfant ne voit plus les images de Dieu et ses délégués immédiats ; si le mépris de leur autorité prend la place de l'obéissance, alors, au lieu de ce tableau ravissant d'harmonie et de bonheur, au lieu de ce ciel anticipé, quel sombre et hideux spectacle de plaintes, de murmures, d'insultantes paroles, d'audacieuses révoltes, de désordre et de haine ! c'est l'image de l'enfer.

Or, si le respect c'est l'âme de la vie religieuse, sociale, domestique, hésiterons-nous à le proclamer la base, le principe fondamental de toute vraie éducation ? Le but de l'éducation, en effet, c'est de former l'homme, c'est de faire grandir toutes ses facultés, de le tirer de cet abîme d'ignorance et de corruption où l'a plongé sa nature déchue pour le faire monter à la hauteur de la science et de la vertu ; c'est de l'élever, en un mot, et de l'élever pour Dieu, pour la patrie, pour la famille. Mais comment atteindre ce but si digne, si l'enfant, de bonne heure, ne conçoit le mépris de ce qui abaisse et dégrade, et par contre, l'estime, l'admiration, l'amour de tout ce qui ennoblit, de tout ce qui élève l'homme, de tout ce qui le fait planer au-dessus des petitesses et des misères d'en bas, pour le rapprocher de tout ce qui porte le sceau de la grandeur. D'où il suit que toute éducation qui n'est pas essentiellement religieuse, est une éducation radicalement fausse, parce que la religion, c'est précisément la chose du monde la plus respectable, et cela parce qu'elle est le lien mystérieux qui rattache l'homme à la grandeur par essence, Dieu. Et l'éducation qui n'inspire pas l'amour de la société, non-seulement en général, mais de cette société particulière que chacun de nous connaît sous le beau nom de patrie, est une éducation qui ment à sa mission, parce qne dans l'admiration dont l'âme s'éprend pour les gloires de la patrie, daus l'enthousiasme qui la transporte pour les hauts faits de son histoire, dans son respect pour la mémoire de ses grands hommes, elle s'élève au-dessus des vulgarités de l'existence, et que, dans son contact avec le souvenir de ces grandes choses et de ces grandes mémoires, elle se sent comme soulevée au-dessus d'elle-même, et, fière de ce patrimoine d'honneur que lui ont légué les ancêtres, elle se sent instinctivement travaillée de la noble ambition d'atteindre à leur hauteur, ou tout au moins de ne pas démentir par l'étroitesse de ses pensées et l'égoïsme de ses sentiments, ces grandes traditions d'honneur, de désintéressement, de dévouement qui ont conquis à tant d'hommes d'élite l'estime et l'admiration des siècles.

Et voilà pourquoi encore toute éducation généreuse doit développer dans le cœur de l'enfant le sentiment de la déférence, de la soumission, d'un respect inaltérable, j'ai presque dit d'une sorte de culte pour l'autorité paternelle qui, à ses yeux, doit être chose sacrée. Voyant l'image de Dieu dans son père, et dans sa puissance un reflet de la puissance suprême, comment son âme ne grandirait-elle pas de toute la profondeur de ses abaissements devant la dignité de cette seconde majesté qui lui redit à la fois la puissance et la bonté de son Créateur ? Aussi son obéissance ne sera-t-elle pas le fruit du calcul, bien moins encore celui de la crainte ; ce sera la pieuse reconnaissance, le sentiment religieux de ce qu'il y a de divin dans l'autorité d'un père, dans la tendresse d'une mère.

De là, par une conséquence naturelle, respect de l'enfant pour la sublime dignité dont devra paraître investi à ses yeux le maître chargé de la grande œuvre de son éducation. L'Instituteur de la jeunesse exerce une magistrature dans l'ordre morale infiniment plus élevée que cette magistrature civile qui déjà cependant possède tant de titres à notre estime et à notre vénération. Celle-ci ne fait que réprimer le mal accompli, que venger les droits outragés de la justice ; l'Instituteur, lui, prévient le mal, corrige les tendances dépravées ; en éclairant l'esprit, inspire l'amour du bien ; discipline la volonté, dispose le cœur à ne goûter que les pures joies de la vertu, à n'ambitionner d'autre richesse que la possession assurée de soi par la victoire sur les passions.

L'Instituteur ! ah ! ce n'est pas seulement un magistrat, c'est aussi un père qui communique à l'enfant une vie autrement précieuse que celle du corps : par sa science versée lentement, patiemment, goutte à goutte, heure par heure, il tire l'esprit de son élève de cette sorte de tombeau où l'ignorance le tenait engourdi ; et, par sa vigilance, son dévouement, ses sages conseils, sa fermeté, son inquiète sollicitude qui doit le disputer à celle d'une mère, à lui de former le caractère, d'étouffer les semences du vice, d'exciter dans le cœur une ardeur généreuse pour tout ce qui est juste et grand, apprenant à son élève à se dérober par un viril effort à l'empire des objets extérieurs, et à prendre d'une main ferme le gouvernement de ses passions, pour qu'il puisse un jour, comme un triomphateur, entrer en pleine jouissance de sa vie morale. Ah ! que cette paternité de l'esprit est honorable et digne ! et qu'elle est glorieuse la mission de l'homme qui chaque jour dépose de nouvelles vérités dans l'intelligence de l'enfant, et chaque jour aussi excite dans son cœur un accroissement de haine pour le mal, d'amour pour le bien ! si glorieuse que je n'en connais qu'une seule en ce monde qui ose lui disputer le prix : la sainte mission du Sacerdoce;.. du Sacerdoce placé aux côtés de l'homme pour lui dire les choses de Dieu, et lui faire conquérir par ses vertus les éternelles joies du ciel. Eh bien ! cette gloire, l'Instituteur la connaît encore. Il exerce une espèce de sacerdoce auprès de l'enfance. Il n'a pas pour but seulement de jeter dans l'esprit de son élève, des formules, des faits, des dates, les principes d'une langue. Ah ! ce serait rapetisser indignement son rôle que de le borner à celui d'un maître qui enseigne, d'un instructeur, si je pouvais ainsi parler. Non ; le véritable Instituteur se regarde comme ayant, jusqu'à un certain point, charge d'âmes ; à lui de préparer ces jeunes intelligences à s'ouvrir aux mystérieuses clartés de la foi, à lui d'aider l'effort de ces jeunes cœurs pour la ruine du vice et l'épanouissément des vertus chrétiennes. Son principal, son plus beau ministère, c'est celui de l'apostolat !

Mais s'il en est ainsi, si les gloires les plus pures qui puissent couronner un homme viennent se réunir sur le front de ceux qui élèvent l'enfance ; s'ils brillent de la triple auréole de la magistrature, de la paternité, et de l'apostolat, comment pourriez-vous, mes chers amis, ne pas leur vouer votre respect le plus sincère? car eux aussi, ils veillent, selon la parole de l'apôtre, comme devant rendre compte de vos âmes ! O heureux l'enfant ! heureux le jeune homme qui, cédant à ce divin attrait du respect, s'inclinent devant la parole, devant l'autorité de leurs maîtres ; ou mieux encore, s'inclinent devant toute grandeur ; dont l'âme tressaille à l'appariton de toute supériorité morale, où que ce soit qu'ils l'aient rencontrée !... Ceux-là, ils ont acquis de bonne heure le sens du bien ; il n'y a de mépris dans leur cœur que pour les choses viles ; le spectacle de la vertu, de l'héroïsme les transporte ; celui du vice les révolte et les indigne. A force d'être mis en contact avec l'élévation et la grandeur, à force de les estimer, de les respecter, leur âme instinctivement s'élève à la seule pensée, au seul désir du bien ; leur caractère s'ennoblit ; leur conscience acquiert cette délicatesse et cette force qui présagent les triomphes ; il n'y a pas jusqu'à leur extérieur qui ne porte la marque de la distinction : il y a là je ne sais quel cachet de réserve et de dignité, même au milieu des plus bruyants épanchements de la joie, comme, dans les actes, un indéfinissable et charmant mélange de juste défiance de soi et de ferme intrépidité, d'aimable modestie et de noble fierté.

Mais le jeune homme qui ne connaît pas le respect, le jeune homme qui méprise la sainteté de sa religion, l'autorité de son père ou la dignité de son maître, ah ! celui-là c'est la décadence et la honte qui l'attendent dans la vie ! Comment s'élèverait-il, le malheureux, lui, l'insulteur de ce qui méritait son hommage ? Mais, par cela seul déjà, il est vil, car on l'a dit : *C'est le propre de la bassesse d'insulter la majesté.* En dédaignant la supériorité, en lui jetant ses mépris, il tuera en lui-même le sens de la grandeur ; ses goûts se dépraveront ; son âme ravalée se peindra dans son extérieur, dans l'insolence de ses regards, dans la trivialité de ses mœurs, dans son langage de carrefour. Au lieu de cette généreuse obéissance qui n'est, au fond, que la traduction du respect, qui est la force de l'âme et le gage de ses triomphes, vous aurez le lamentable spectacle de l'insurrection qui marche tête levée, ou bien, de ces sourdes oppositions qui ne trahissent, en définitive, avec la vulgarité du caractère, que la médiocrité de l'esprit, et, avec la peur de se compromettre, l'impuissance de la lâcheté.

Vous, mes chers enfants, élevés à une autre école, vous n'aurez que déférence, estime, respect sincère pour tout homme et toute chose qui auprès de vous sera l'image de l'autorité, de la grandeur divine. Que ceux qui vont nous quitter pour se lancer bientôt dans cette noble carrière au terme de laquelle les attend le plus sublime honneur qu'un homme puisse rêver ici-bas, que ceux-là n'oublient jamais que le sentiment du respect est la condition première de leur valeur morale ; si jamais ils en perdaient le sens, ils n'auraient droit eux-mêmes qu'au mépris, car c'en serait fait de leur dignité d'homme et de chrétien.

Et vous, mes chers enfants, vous qui devez nous revenir, et que nous reverrons avec tant de joie, vous comprendrez mieux encore que vous vous honorerez vous-mêmes, et grandirez d'autant plus que vous respecterez davantage Dieu, vos parents et vos maîtres. Ah ! laissez-nous contempler toujours le doux et consolant spectacle de l'empressement de votre obéissance, de la dignité de vos mœurs, de votre ardeur au travail, de la sincérité de votre piété, car tout cela c'est la gloire la plus pure de l'homme parce que c'est, dans ses actes, l'expression fidèle de la grande loi du respect. Pendant ces jours de repos qui vont commencer, loin de vous ce sans-gêne, ces allures vulgaires du jeune homme qui ne sourpire qu'après l'émancipation, ce genre commun qui secoue toute réserve, ce ton et ces manières indices trop certains d'une âme à qui sa dignité pèse, et qui ne méprise les convenances que parce que les convenances entravent ses grossiers instincts. Et pendant tout le cours de votre vie puissiez-vous n'oublier jamais le respect que vous vous devez a vous-mêmes, à votre dignité d'homme, à votre auguste qualité de fils adoptif de Dieu et d'enfants de l'Eglise ! Ah ! soutenez dignement le poids de tant de grandeur, et pour cela, dès maintenant, aimez à vous passionner pour tout ce qui porte l'empreinte de la supériorité, à un titre ou un autre reflète l'image de Dieu autour de vous. Ainsi répondrez-vous aux belles espérances que vous nous avez fait concevoir ; ainsi deviendrez-vous la joie et la couronne de vos chers parents, comme la consolation du vénéré Pontife que vous avez aimé dès que vous l'avez connu ; ainsi mériterez-vous sa paternelle sollicitude, parce que, d'avance, il pourra saluer en vous des fils soumis et respectueux, de dévoués collaborateurs, de valeureux soldats de l'Eglise.